AF415979

www.ingramcontent.com/pod-product-compliance
Lightning Source LLC
Chambersburg PA
CBHW031753150726
47989CB00006B/2703

9789948753544

سعيد عبدالله سالم العليلي

نشأ وترعرع في مدينة الحمريه التابعة الأمارة الشارقة فيها كان طفلًا مفعمًا بالطاقة و الحيوية،

عشق الرياضة في مختلف أنواعها من كرة القدم و العدو إلى السباحة والغوص إلى ركوب الخيل و الدراجات الهوائية.

سعيد العليلي

سمر

حدثَ جليسُه ليلًا

AUSTIN MACAULEY PUBLISHERS®
LONDON • CAMBRIDGE • NEW YORK • SHARJAH

حقوق النشر © سعيد العليلي 2024

يمتلك سعيد العليلي الحق كمؤلف لهذا العمل، وفقًا للقانون الاتحادي رقم (7) لدولة الإمارات العربية المتحدة، لسنة 2002 م، في شأن حقوق المؤلف والحقوق المجاورة.

جميع الحقوق محفوظة

لا يحق إعادة إنتاج أي جزء من هذا الكتاب، أو تخزينه، أو نقله، أو نسخه بأي وسيلة ممكنة؛ سواء كانت إلكترونية، أو ميكانيكية، أو نسخة تصويرية، أو تسجيلية، أو غير ذلك دون الحصول على إذن مسبق من الناشرين.

أي شخص يرتكب أي فعل غير مصرح به في سياق المذكور أعلاه، قد يكون عرضة للمقاضاة القانونية والمطالبات المدنية بالتعويض عن الأضرار.

الرقم الدولي الموحد للكتاب 9789948753544 (غلاف ورقي)
الرقم الدولي الموحد للكتاب 9789948753551 (كتاب إلكتروني)

رقم الطلب: MC-10-01-2824432
التصنيف العمري: E

تم تصنيف وتحديد الفئة العمرية التي تلائم محتوى الكتب وفقًا لنظام التصنيف العمري الصادر عن مجلس الإمارات للإعلام.

الطبعة الأولى 2024
أوستن ماكولي للنشر م. م. ح
مدينة الشارقة للنشر
صندوق بريد [519201]
الشارقة، الإمارات العربية المتحدة
www.austinmacauley.ae
‎+971 655 95 202

المقدمة

سَمَر: تحدَّثَ مع جَليسِهِ ليلًا، سَمَرَ إلى ساعةٍ مُتأخِّرة من اللَّيل.

السَّمرُ: اللَّيل، سوادُ اللَّيل؛ يُقالُ: لا آتيهِ سَمَرًا؛ أي ليلًا.

والسَّمرُ كذلك: ظلُّ القمر، أي ما يحجز ضوء القمرِ عَن المكان.

Dialogue:

1: a written composition in which two or more characters are
represented as conversing.
2: a conversation between two or more.
3: an exchange of ideas and opinions.

التَّفاني

لماذا يا عزيزي تفاني؟

لماذا أريدك في حياتي سعادة.. وأمانِي؟

حُبّك يا عزيزي أغوانِي..

في فخٍّ أذبلَني وأفناني.

وجودك في حياتي هيَ هدية.. الدَّهر أهدانِي.

وليتَك لَم تمر كمرور الكرامِ.. ابقَ..

ابقَ؛ رحيلكَ كرامي الجمرِ رماني!

وأدمانِي أذكر هيئتَك.. كأنّي أراها في كُلّ مكانِ..

لقَد تركت فيَّ تناقض وجدانِي..

نور حُبِّكَ في ظلمةٍ أضوانِي..

لك كُلّ التبريكات والتهاني.

لقَد بنيت فيَّ ما لَم يبنِه زماني..

وكأنَّ العالَم بأسره في زاويةٍ رماني..

وهناك الشوق والوقت ينتظرانِ..

كأنَّهما يدعواني

لأحتسي نبيذ حبِّك.. وسأدعهما يُلقياني..

في أيَّامكَ وحنانك اللَّا نهائي!

جمالك وحبك لا يُشتريانِ بالأثمانِ..

حبُّك أشبعني وأسماني..

لا أسأل شيئًا غيرك الآن..

أريدك مَارد المغني للأغاني..

أتيه وفي غرامك ولا أدري ما دهاني؟!

صوتك جعلني غارقًا في إدماني!

أريد معك العيش باقيَ زماني.

مزيون

كُلّ عام وأنتَ بخير يا مزيون..

قيمة غلاتك عندي خلَّتني مَديون..

كُلّ عام وحُبّك ووفاك عندي مصون..

ليتني أشوف حلاتك.. وفيه أكحّل العيون..

دفاك وهيامك خلّوني في وجودك مجنون!

حُبّك يا حبيبي في الحشا مدفون..

خيالك خلّاني في ضيم وشجون..

أنا في اهتمامك لي في كُلّ الأوقات لَك ممنون..

ما بقى غير الوقت ويقولك: هوّنها وتهون!

دار ظبي

أتيتُ مسافرًا إلى دارِ ظَبي..

شخصٌ بقِسمةِ ربّهِ رضي..

طَال دربُ زمنًا.. وقد قُضي..

لم أجِدْ مِثل شَديد الوقتِ لي واعظًا..

اشكُر الرَّبَ وكُن مُلازم الفرائِض..

كُن القيِّمَ الكريمَ المخضرم..

وارضَ بالقليلِ تَكنْ بينَ الناسِ أعزَّ من حظي.

غياب

زِدْ صـدَّك عـنّي وقُـلْ لـي   كيف حالك وإنتَ عني غايب؟

تعنّيت لـدربك والـقطيعة   بحقّي ما هي من الغرايب

غبـنتـني وسوّيت فـيني   شي.. من العجـايـب!

دفَّـعـتـني قـيمة هـجرك   وكفَّلتني كُلّ الضّـرايب

يا صـاحـبي فكَّني من شرّ   هجرك ومن كثر المصايب

يكفيني طيفك بـليلة قمرة   هـذِي غناتي عزّ الطـلايب

الـبـارحة نتـسـامر بـالـوصل   واليـوم ما ظِنّنا حبـايـب

خـلِّي الـلي راح بس بسألك   كيف حالك وأنت عنّي غايب؟

الصَّبر زين

إن صبرت.. ترى الصّبر زين..
لأنه الوقت يبين لَك الشين!
تعرف مِن ويَّاك ويسدّ الدّين..
مو بكثير يصفون.. وتستغرب هم وين؟!
ترى النَّوايا والمصالح ما تنشاف بالعين!

وادي

لم تعُدِ الحسناءُ تسرُّني..
ليس هناك فكرة إليها تجرُّني!
حتَّى تركتُ وادي الشّعرَ، لا أُردهُ..
ليسَ مَن بحضوري يقدّرني..
ليتَ الأمل بنهاية الأُفق يُبشرّني..
أيا ليلي، ليتَ نسيمَها يمرّني!

فلاة الجفاءِ

أسال الدَّمعَ عمَّا جرى؟

واسألِ الدَّمعَ ما خَطبُ المُوقِ

إذا أذرفك على جبينِ الشَّوقِ

فهل يُمسَح وقتَها؟ أو يجفّ مِن جفاء؟!

مسحتُ

مسحتُ التَّرابَ عن يدَيَّ وكفكفتُها..

كأنَّ الترابَ هو الفتاةُ الَّتي أحبَبتُها

هَذهِ الدُّنيا منكِ يا عزيزتي، سبتُها!

لماذا الفراقُ هكذا مرارتهُ في روحي وجدتُها؟!

النِّسيانُ هو أفضلُ فكرةٍ أسدلتُها.

مبيِّتِ النيَّة

حبيب ومهتمّ وملي بالحنيَّه..

أعطيك عيني تنام بها نومه هنيَّه..

مدريت إنَّك ضدّي ومبيِّت النيَّه!

كثرة النَّاس حولي من دونك خليَّه..

ودّي بس مرَّة لو تيجيني جيَّه!

ما تقدر للحظة واحدَه تترك العنجهيَّه!

الوقت يخلص، وما عرفت الدّنيا دنيَّه..

ما تهنيت بصباح وعشيَّه..

يقولُ النَّاس كثر، والدّنيا غِيره مليئه!

النَّاس ما خلُّوا شي، وخطوني فيه خطيَّه..

سامحْني على القصور، وخذْ راحتي عطيَّه..

طلبتَك وما دريت إنّي طلبت المنيَّه!

بنو آدم

يا بن آدم، عمرك ليس بمردود..

ولا حالكَ للنَّاس بعدَك بمسرود..

أحسِن لأهلك بلينٍ والجود..

وانتظِر صبرًا جميلًا لليوم الموعود.

سمَر

سمَر قصاني تحاشيها ما اقدر اتبرى..

مراسي حبال مرتخيَة ابطن عمق اثرى..

ما هان عليك واحد لعيوبك ما تقصى!

كأنّي البحر، ومراسيك خذتني مَسرى..

مراسيك طعنتِني، وكيف لي الحين أبرى؟

أمشي ورا قطع لياليك، يمكن مُناي ألقى..

دلّني على لافتات لأعذارك، يمكن أفهمك!

وديعة

قفيت أثرك على صدى ذِكراك، وهذا اللي حصل!

أثارك تختفي، وضاعَت خطواتك في صحرا قطيعة!

قزرت وقتي بجرحك، يمكن تمر وأقولك: جرحك وصل!

فجأة لقيتَك صدفة، ولقيت روحي عندَك مُطيعة!

شي فيك يجذبني؛ كنَّه شي فيني عندك اتِّصل!

يا كحيل العيون، خاف الله.. روحي عندَك وديعة!

تتبدّل صفحات عمري.. وأحصلك في كُلّ فصل..

ألتمس لك الأعذار.. بس ما لقيت عذر ولا ذريعة!

تجيني بالأحلام سرور وفرح، ودّي تكون حقيقة وأصل..

تلومت في غيبتك، كأن وصالك من الملَّة والشَّريعة!

قفيت أثرك على صدى ذِكراك وهذا اللي حصل!

يرضيك النَّاس ترقد.. وأنا تضيق فيني الوسيعة؟!

روح

لا تغرّك عزلة أنا فيها..

روحي ما هي وحيدة.. ليها روح تناجيها!

وإن ضاقَت الدّنيا عليها عندها روح تواسيها..

خلت الرُّوح عالية عن هموم الدّنيا ومآسيها..

لها طموح.. غيوم السَّماء تعتليها!

روحج يا عيني أنا مغليها..

وإن جفَّت عروق حُبج أنا بسقيها!

حقّ القولُ

بكمت لغة الضَّادِ لي متضادِ تجرم..

حُقّ القول مِن صاحبي منذِرًا.. واحترقت تفحم..

أزهقني طيفك بأحلامي.. وبلغت ذروتي بك تغرم..

حسمَ الأمر إذًا بإعدام، حسمت الصفقة تبرم..

لا تلمني إذا قسّيت بك قولي واستفحلت تهجم..

ضللت أحاكي أيّام زاغت منّي تمرّد.. وأنا ندّها تخصم..

لم يَعُد النوم لي مسكنًا.. أمسيت على أفعالي تندم.

قصَّة مُستحيلة

أكتب بالشّعر وليت الخَاطر يكفّ.. وما فيني حيله!

أجيك وتجيني تتبختر.. وملكت القلب وانتَ دليله..

الحين نفسي أذتني فيك.. وتقول لي: وين العين الكحيله؟

أقولها: دخيلج دَوري من غير هذي السَّالفة بديله!

أدري أزعجتك بأنصاف الليالي.. وما لك بالطويله..

إن كان أنَّك ما سمعتها منّي.. روحي مِن بعدك عليله..

تعال وطيِّب البال، المهم إنّك توصل بأيّ وسيله!

اكتب كُلّ ليلة قصيدة.. هذه خاطري إن خذت في أقاويله!

لو تجيني بعد عمر طويل.. أبدًا مشاعري لك ما هي قليله..

تأكَّد أنَّك فاصل سعادة.. وأمر نسيانك قصَّة مُستحيله!

أكتُب الشِّعرَ

أكتبُ اليوم بالشعرِ بصيرا..

بالأمس كُنت في الدُّنيا ضريرا!

ليتني تعلّمت في المهدِ صغيرا..

لتغيَّر الحاضر والماضي مصيرا..

لتعلّمت ألّا أتّخذ خِلًّا ولا عشيرا.

صارَت

صارت كُلّ الأغاني تذكّرني فيك..

أنتظرك وفي كُلّ مكان احتريك..

ودّي تثبت لي وجودَك.. لكن صِرت عدم!

ودّي لك أعاتب.. ودّي لك اشتكيك..

كُلّ الأغاني صارَت تذكّرني فِيك!

لو باعوني الدّنيا.. أعوفها وأشتريك.

لا باس

يرضيك أكون عادي عندَك بين النَّاس..
أشوفك النَّاس كلّها.. لو رحلْت ما بقى شي ناس!
حُبِّي لَك يقين.. موب بس إحساس!
أصبّر نفسي العزيزة.. وأقول: لا باس!
قيمتَك لي بوزن الذَّهب تنقاس!
ما عندي وصف ينصِفك.. ولا اقتباس.

نازح

الأيَّام تأتي وتذهب..

وأنت في خيالي سارح..

أذكرُكَ كأنّي معكَ الآن..

وكأنَّك معي البارح..

كنت لي غصَّة..

كنتَ لي كالسَّهم الجارح!

متى ألقَى الخلاصَ؟

وإلى متى سأبقى مِن عشقك نازح؟

الخَصم والحَكم

ما أتمنَّاها لا لعزيز ولا لخصم لدود..

شـقاي وصل ذروته.. وتعدَّى الحـدود..

أفدي العين الكحيلة.. وورد الخـدود..

طبعي طيبة النَّفس.. والحُبّ والجـود..

بس شـو فايدة طبعي.. والحبيب موب موجود؟

قـول ليش هي قـدرة قادر.. ولا حسـد حسـود؟

كنت مقدِّر وجودك.. وما كنت لَك جحـود!

لا ذقت النّوم.. ويجيني الليل يسـود.

الظّروف

يا صاحبي، ليت ظروفنا كانت ثانيه..

عيني بعينك يوم تتلاقى في هذي الثَّانيه..

عيونك أحسّها من قلبي دانيه..

أتمنَّى الأوقات والأيَّام بينا ما هي فانيه!

استتلّ

أمسيْت وفي جعبتي الخلاء.. وظاهري الابتسَام!

سلامي يا قدر، لقد رضيت بك.. ولو عانيت الانقسَام!

جهلت قلبي عندما ذهبَ أمامي.. الآن أنهى فقرتي حِسَام..

أنا مَن هو المسؤول.. وأنا الَّذي يُلام.. قتلني جبروتُ الهِيَام!

أستعيد قبضتي كُلَّما ترتخي.. وأرجع ولو سقطْت كُلَّ عَام!

عيناك

عيناكِ تشفي غليلَ صدري..

ووجهُكِ علا في سمائيَ كالبدرِ!

وصوتُكِ لي المادح.. أعلى مسامعَ قدري..

أُحبُّكِ مِن اللَّيلِ إلى بزوغ الفجرِ..

أكتبُ في صفحاتِكِ الآن.. في حبِّكِ..

شغفًا.. ولم يجفَّ حِبري.

اهدم

أنا كتلةٌ مِنَ الماضي..

تتذكّرُ مواقفي وأحداثي..

عندَما تراني وبعيني شريط يجمعنا..

والماضي ذاهبٌ وأصبح كالأجداث..

حزن مُريح.. وأنا أُمثّلُ نقاشاتٍ دارَت بينَنا..

أنت كُلُّ تقاليدي.. وأنشأَت تفاصيلك متحف تراث!

أدوات مهجورة في المُنتصف.. وغُبار استولى على مسرحِنا..

علا الصَّدأ طول مبنانا.. وأنت لا يُرىَ مِنك أيّ اكتراث!

***

اهدِم مبنانا وأنا بداخله.. اهدم هرم وجدانا..

تنازلْ عن أسرارنا.. بَعثِر خراب مَلقانا..

افعلْ كُلَّ شيء.. ولكن لن تجد مثلي أقرانا.

مَن هيَ؟

استوقفَتْني لحظةَ رؤياها ذاتِ المفرقَين..

على بحرِ جمالِهَا العَكرِ عينايَ رسِين..

مَن هيَ يا تُرى واسعةَ العين؟!

تركني مُتسائلًا ما بين وبين..

لا أدري.. ما الأجمل فيها؟ أتعجَبُ بشفتيها أم بالوجنتين؟!

ارتدادُ طرفِها سحرَني بما أتى بهِ ببابلَ الملكين!

كمَن قالَ

اسألِ الغمَّ بعدَ ما جرىَ، أو اسألِ القلبَ ما خَطبُ الـهوى؟

إذ جفَّ في فلاةِ الجفاءِ.. وخرجَ القلبُ بخُفَّي حُنَين!

إذا ندمَ وُدٌّ.. وضاعَ الجُودُ.. وفرغَ الجوفُ ممَّا قَد احتوى..

كمَن قالَ: مسحتُ وكفكفتُ التُّرابَ عن اليدَين!

يأتي النَّاسُ في الحُبِّ على مَوضعين..

الأوَّل يأتي صافيًا.. والثَّاني يأتني بالشرِّ ما نوى!

الصَّاحِب

معزَّة الصَّاحب عندي كبيرة.. خاوِيَ القويَّة أركانه..

بسام أخوي إن احتاجني.. أنا له ظهر.. وعِند ميدانه!

مِن عداه يبشر بسعد.. ودقِ الخشوم على شانه..

عزوتك ما بدّلها.. والغالي عندي ترخَص لَك أثمانه..

النَّشمي يبقى نشمي حتَّى لو دارَت عليهِ أزمانه.

يا نورُ

سلِّم على نسيمِ الهيامِ.. والشَّرهة على اللي فرّ العصامه..
يا فرض شقى يقوم بِه.. ويا فرض عليه صِيامه!
إذا شِفتَه ابتسم لَه؛ عسَى يزيل الهمّ وتزول الغمامه!
إذا شفتَه مُتوكّل.. سلِّم عليه وقُلْ له: درب السَّلامه!
لا نفع الطّب الحديث.. والتقليدي.. والصّوم.. والحجامه!
يا نور، ما شافَ بعدك نور.. وما تحزَّم بعدك بحزامه!

نيار

مقضي الأوقات في اللَّيل سهاره..

هجرك ذنب.. ووصلك عِباده..

صاحبك جلَب اللَّيل بنهاره..

كنَّك معلن عليَّ حرب إباده؟

خافي حُبّك في القلب أسراره..

يا صاحب القلب.. وانتَ مُراده..

بنيت القلب، لكن ما شهدت دمارَه..

زرعت الودّ؛ وللأسف ما خذت حصادَه!

وما شهدت الزَّرع وكثرت ثماره..

يا صاحبي انتَ كُلّ البال.. وانتَ مُراده!

ما لقيت منك اتِّصال ولا زياره..

وكُلّ يوم حُبّك عندِي في زياده!

لا عِتَاب

هجائي لِمَن رماني بسهمٍ..

وفي نفسي استَقرّ..

لا أرجو إلّا اللهَ..

إن شاءَ عَذَّبني.. وإن شاءَ غَفر!

ليس العاصِي مَن عصى..

بَل الَّذي بالعصيان استَمرّ!

حتَّى نَبذتُ العتابَ وأتاني بعدَهُ وقت السَّحر..

لا دربَ لي معَ الَّذي صحبتُهُ تؤدِّي إلى سَقر..

لا عِتاب لِمَن لم يفقَه إحساني.. ومِن الطِّيب افتَقَر

لستُ مِن الَّذين يهرعون لذنبٍ..

ولكن آخِر النَّاس لذنبٍ ابتَدرا!

Peek

What are your wishes
can you tell me, can you speak
Taking me for granted, no worries,
but what is it you seek
You can be unfriendly; I can justify
I can turn the other cheek
Only with good manners and love
can a person reach the highest peak

Time Unwinds Everything

If everything is just like
Trust me on this you'll
Everything has to be.
Sadnesses have off.
Tunnels of hope has an
Give time days to borrow,

you wanted no sorrow
Feel empty and shallow
In moderation even
Days trust in tomorrow
opening that is narrow
to unwind everything

Leverage

Trying to reach you but I don't have the leverage
Me and you share the same signal, I just don't have the coverage
Nothing is the same, knowing you is not average
Didn't measure the losses like this measure breakage
The roads seem empty even though it's fully spending my youth on asphalt and long mileage
That's what it feels like when you're gone carnage

Chase

Can't handle you running from me at a high-thrust base
I'm a joker you're the ace
How can an ace beat a Joker what a Disgrace
Haven't thought that I would get into a death Race
Don't get the wrong idea, let me Rephrase
You're my whole life not just a phase
But how come I get over this and embrace
The fact that you're a person I can't Replace
Can't imagine you anywhere else but only in my heart that's
your Place

Enough

Compensate everything, life is suffering, got to pick the suffering that fits your agenda, and the feeling or the leftovers of it is for you to bind

Trying to figure it out owing to the fact that I already did, just the thought of it scares me
the algorithms that led to this
and the facts; both combined

Therefore elucidating the impression of leaving everything behind

If only you could imagine a lover
a scene
a museum of memories in mind

Would you let go
or just sit back and see what has been seen
again and rewind

Or see facts comprehend
what you started has ended
and only truths unwind

Don't have the energy to close doors
or even phone calls that are important
nothing here to find
Nostalgia creeps in

and the midnight dialogues,
No new scripts
just old-fashioned not refined

Our bond
Our whispers
in midnight shall rest in these pages and would you mind

Giving me my missing part back
cause I can't live without it. Oh, it's you, never mind

I once knew you and that's kind

Fight

Have you ever danced with the devil in the pale of moonlight
Does it ring a bell, when you have to cut ties and have demons
to fight
During moments of adversity and chaos, don't bend or give
in, not a slight
All means necessary to focus on the big picture and never lose
sight
Burn the boats at the island and stare your fears in the eyes
with might
Cause this is it butterfly, cause and effect and every word will
count in the dialogue of the night
since your date of birth, you are putting it all on the table. Do
what's right

Art

Paper Rock Scissors breaks my heart
Use me as a board here is the dart

Use the element, that downfall of a chart

When did this become a monologue?
When did I lose it, show me the part

But you are something else

Keep your head up, as I look at you
sideways like a masterpiece of art

As I watch you, I am
on the verge of falling apart

The Fact of the Sun

I lost it with you, do you know where it lies
When it looks like you're done

There is no room to improvise
When going out with friends is not fun

When the struggle only multiplies
That's the time for you to run

Your wound is self-inflicted

Setting yourself free is the prize
When it looks like you're done

Doors will open, no lies
Just know it, like the fact of the sun

Aftermath

Make your words carry weight
Make your acts solid and raw

Being liked is nice being respected is great

When you're losing don't aim for a draw
The best acceptance is acceptance of fate

Lose with dignity, disrespect is to withdraw
Lose the battle but win the war do not hate

The player, learn from what you saw
The aftermath is memorized with time and date

Threat

Picture our meeting as random as it can get
Both of us
are wearing each other favorite color how can I forget

Mirroring each other like it was meant to be
All the noise
the sounds turned silent as good as it can get

The first time I heard your voice click
like a thousand-year-old clock started to work again as good
as it can get

The little details; the shy laughter from a distance; the eyes,
they have a story to tell
and a smile to finish me off; those are the details
I will never neglect as good as it can get

Strangers we have been
Strangers we are today; tomorrow we pay the debt.

I walk on a thin line
everything is on the line with no safety no net

Today is wholesome
today can never be replaced
tomorrow we pay the debt
Today we laugh together sharing time, even though our time
is limited

We still can share laughter as good as it can get

Nothing is more torturing than a conversation that didn't end
as bad as it can get

Memories shine so bright but it became nightmares that never
set

A sudden turn, a sudden crash, my mistake, can't fix the chain
of events
it is my mistake
Today you shall let
Go as bad as it can get

Went sideways crash, I can still hear it like a black box of
ours, you singing in the background yet

Nothing was the same, is there more smiles for us to share or
this is it, as bad as it can get

Is there time still? nobody knows, can't see your name in the
casualties; therefore you're still there somewhere lost, a
stranger with no regret

To you I raise the stakes high, to you I raise my bet
It was you all along; the best stranger I ever met

Dogma

Kept it all for chance
Neglect my words don't be submissive

Throw the cards; let the odds dance
Coming through side doors is Intrusive

Better Come through the entrance
Nowadays being clear is impressive

I have names in a paper of people missing
With you on top of the attendance

Memories of you became a dogma
Which is heavy, hindering, sacrifice is massive

Writing messages, I marked them unread
Once a smooth ride now a hustle of turbulence

Took time to settle call that residence
So it's the end of the tunnel, conclusive

Time to be silent and knot with compliance

Used to give permits, a benefit of the doubt, maybe an alliance

Used memories as an alibi for sadness and still can't change
it, the solution is to become compulsive

Where I Can Find You In

Our midnight walks and the conversations seem to have no jurisdiction

I said lead me to the beach when the moon is at its fullest, let's take a look at the waters to see our projection

In this darkness together I confuse you with the stars, what's real and what's not, are you even here or am I talking to the heavens,
Seeing you in black is just perfection

All the perfumes of Arabia can't compete with yours, it's called Affection

Let's close gaps together meet me halfway through the frames of tragedy, falsify all intuitions, twist the fabric of reality make my
Resurrection

Let's go turn the tables of facts and make the highway lights seem like something like pulp fiction

Winning onwards for being together have emotions with no grudges nor friction

Tough time courses make strong bound forces, what lacks is us back to connection

Looking at you is not just a chemical reaction; on your behalf,
I shall take immediate action
But
Reaching you is a technology lost, your case needs to have
close observation, can't fathom why these events have been
formulated at this selection

Taped on your empty space and it said no replacement found,
can't find another section

Where I can find you in

Will this end, I leave it to you, when you close gaps, I make
way for more, looks like a Contradiction

A few will understand when I say sometimes I'm here but you
don't hear me talk, host lost connection

In this darkness together I confuse you with the stars, what's
real and what's not, are you even here or am I talking to the
heavens,
Seeing you in black is just perfection

All the perfumes of Arabia can't compete with yours, it's
called Affection

Thinking I'll never see you again is just a prediction

Dubai with Passion

It's never so fit to say goodbye
These nights when it's so quiet and shy
Held behind a storm that doesn't die
These nights when they are so passionate
Purple lights shine tonight in Dubai
That night when you're eyes glow and impressions only
multiply
The same session became permanent damage with nothing to
justify
Guess I'll see you the month after July
When the calendar says two twenties
When you showed me how to tie shoelaces like a butterfly
When you are a stranger and you pass me by

There is More in Me

A great music record that never ends for your record
I never wanted to see somebody that much

I always say to myself, I'll get you something nice when it's
all over in this world word

With you, I was never in a rush

Tell me something so I contradict it and its outcome I can't
afford
Remember when we went to town's buildings such and such

Places that seem and look like we're the only ones in it, word

everything is cool calm and collected give me a liable; a
character so I can crush

It,
showing you that there is more in me

What I Intended

Most of the time I was here but not present
Didn't know we had a time frame

Go to the boundaries and ask if I was the same

While you're at it, call up all the emotions you need whether
pride or shame

Do I have to celebrate over winning a game?

I wasn't even trying in instead
name and ask the roads, ask the lands, ask the empty valleys,
I've been there and they will tell you I'm not the same
Seek the roads for answers, they'll tell you I'm not the same
I'll take our timeline and stretch it so it can live up to what I
intended

Comprehended, that memories of such events are the best
motivators, even if
there is in every encounter
a written time to share a certain weight to bear. It wouldn't
mean a thing if it hadn't ended

Beforehand

Your hold of me is impressive and grand
Next time, would you inform me beforehand?
When the market plummets, yours is in demand
Time, my friend, always gets the upper hand
Keep shining in black that's my brand
If you have choices, which turns would you take?
Would you see where am I heading or what's my sake?
Remember, words speak loud but actions are louder unless it's fake
Didn't live up to things nor help me not to brake
You can hear me louder when I'm silent
You can feel the years on my back, but you don't see my knees shake
Living for what I live for is a high-risk activity
Never knew the odds or knew the stake

Statistics

Let's act like me and you founded a company
Let's raise the stakes high and buy shares
We break bread, enjoy each other's company
When bad people exist good folks are scarce
If you don't recall times I recall many
It's hard when you are the person who shares
I have moments to live for do you have any

Something Missing

It's time to go out
like the best dual

Scars never fade away without a doubt

When saying remember when becomes a ritual

I say: with everyone you have time and an
amount
Not less not above, and she is the one I put on a pedestal

I am the fan in the empty stadium, cheering you through good
and bad and I am that individual

Who when everybody is leaving all causal
I stay
I leave
when everything is just fine and the stadium is crowded, but
you can tell that there is something missing

Will I Ever

Will I ever be freed?
Reminiscing became more of a creed
Wish I didn't plant a seed
That grows like cancer of my deed
What else did I forget and what else do I need

Insomnia is another kind of breed
It tells you a lot if you just listen and care

How many boundaries you've crossed
When hours of the day are a burden you can't bear
Anxiety is another kind of stare
Sharpen the hard times, did you prepare?
Don't say it's not fair
this is made just for you, like a jump scare
Off guard, this is the beauty of it, I swear
Do you have scars? Tell me stories do you dare
Then say dialogues are nice, sometimes it's nice to share

Zigzag

When you fall and don't have numbers to dial
Don't judge the cold when he has no one to hold, getting out
of bed is a drag

When a few steps feel like a mile
Owe the fact that she is the one

She settles and everything else is mobile
My suffering is being retroactive, can't pay the price tag

Now a straight line once was a zigzag
Keep the papers Disproportionate, close the file

Acid Rain

Picture this

Me and you going to our whereabouts
The clam one is the loudest, when he shouts

Picture this

A heartwarming chat with your spouse
Children being silly in your house

Now snap back to reality
Our conversations are decaying from formality

Seeing good days in your absence is a fatality

You're significance, goodbye your image is fading though it
will be a domain

I'm calling it off, this is a Scarface, this didn't make me better
nor did it make me insane

If you're doing this out of vanity, I know a word, it's called
destain
I can use it without actuating my membrane

I can manage I can sustain
If you're reading this

Replica

I still remember that car you flipped
When I was with you as a passenger

When your knees are weak you skipped
Steps I had you, and when I had bullies at school, you were
my avenger

I swear in 09 with you felt different
Everything was good, filled color vibrant

I can still hear that phone, call that a ringer
Our last call was under two minutes

Had 20 years to say 'I love you' but I guess to me your passing
is a messenger

The message I read it very carefully

Just to keep you on track, I were in your shoes for a few years
and it was hard

Had the same situations as a replica

Did the same action that caused you an eye
Had a few bumps and bruises and even learned how to cry

You'd be surprised how I let stuff nowadays fly
Your daughter thinks I'm you, she is gorgeous and shy

When she grows up, I'll tell her our stories

Past Tense

You are my persona
You are my Verona
Fiona doesn't want to be saved

This does not make any sense
As I recall, I was always stiff and tense
As I recall, my lines weren't always in past tense
As I recall, I jumped to conclusions like a short fence

As I saw it through, I was not ready for an absence
Abstract the ways to you
cause I'm not a prince
Some more is no longer an option
Nevertheless, I'm just longing for a portion
A glass of devotion

You are my persona
You are my Verona
Fiona doesn't want to be saved
Your life is humid; mine is a sona

Last Run

I see the holes in the mask you wear
And I wonder why you act all fine

All the years my friend, or that swear
That we made silently you cannot undermine

Miles we took, as I had a dialogue with the
Old version of you and it said: did we shine

On the edges of sanity and insanity?
Was it your mistake or was it mine?

I said your changing is more than I can bear
And I thought our friendship would age like wine

Then he replied, "Did I die
as if death only splits us apart what a tear."

I shrugged and gave him a pat on the back, it's not fair
He said and
as soon as he finished we went to the track
call that the last run

Upstream

Did I ever crossed
Your dreams?
Did you go the opposite
of the streams
To see my view and what it seems?
Did you see lights or beams?
Or Switched sides, see new teams?

Overdue

Blue lights remind me of you
Why, how, and who
Would have thought that this would happen
Who would have known
Like I heard your voice whispering
me too
Who withdrew first, me or you drew
Who's shells dropped on the ground
Hitting the ground
for a sec and
the other it's in the air
Didn't think our bill would be overdue

Foreign Affairs

essential
Kept you
Confidential
Other thoughts cross my mind normal
But Yours are presidential
You will always be the one
Never a potential
Every business is causal
Yours is official

Cascade

Pride hits different when you're not given
What you asked for
Although you really had to ask
When it's my turn, I'll what a man looks like
But you'll never see me again without a mask
No person who has thought of himself, only
Reached a thing
Selfishness is an easy task

Candle Lights

Under the light of the moon.
Will I see you soon soon
The Voice of yours
is my favorite tune
Like I can still see you flickering
Back two months after June

Sit by my side
Have that look
Of smirk and pride
The heart of mine is shook
My step to you is a stride
People are letters
but you are the book

Double Letters

Negligence is worse than absence
My remedy is to seek abundance

I'm in a kind of a problem
You keep spinning around and
I guess I can't find the circumference

Get it, I don't get byes too
Maybe I'm just fascinated by you

When I think there is an art conference

Why are you funding these words?
So generously

Can you see me like I see you?

Former

What hurt more than the word, former
I'll tell you
What hurts is being a former priority

Some more is not an option

A stage has no use without a performer
Her voice has a degree of purity

To the point that she is not only taking parts
But She is the majority

Enough

Are you fulfilled enough
To leave it so tough
On me
Why are you being
So rough
Did you achieve
The goals you wished
And I believe
That you can
Receive
All the grace
You deserve
Do you remember
The place
can you see
My face
And how much I was
Thrilled
Are you for filled
Enough
And If I distilled
My joy
You'll be the drops
You're the decoy
From the storm

1028

It's almost 10:28 evening and as usual
It's calm without venture

I remember, I recall, the atmosphere, eye contact and a gesture

I felt I dealt, a touch by second nature
A feel of a texture

Yesterday was unforgettable; today it's nostalgic, is there a
future?

A promising time it was, but now it's like a vacuum, a void, I
can't avoid this rupture

فادَ

هنيئًا لِمَن أخذ قول واعِظٍ واستفادَا..

ومشى دربًا شاركَ فيهِ النّاس الوِدادا..

سلامِي لِمَن اتّخذ أخاه ضِمادَا..

فقَد سلِمَ مِن الدُّنيا سِنينَ شِدادا..

قد تجد من النّاس أردافًا وأضدادَا..

ولربَّما قَد عمَّ اليأسُ بينَهم وسادَا!

والمرء إن لم يتّخِذ دينَهُ عِمادَا..

ذهبَ هباءً، ولقَي مِن الهَمّ أعدادا..

ومَن لَم يُسَلِّم لرِّبه قَدَرًا ومرادا..

ولم يُسارع آخذًا مِن التَّقوى زادا..

فليس لهُ في العيشِ طريقٌ ولا مِهادا!

فكُلُّنا خطأٌ.. وما نحنُ إلّا لرِّبّنا عِبادا..

ودون اللهِ لن تجدَ للعبادِ أمجادا.

ضيفُ القَلبِ

أنتَ ضيفُ القلبِ ورائِده..

وهو مشتاقٌ لِمَن كانَ زائِره..

كانَ خاتمَ السِّحرِ ومارِده..

كيفَ أزورهُ والوادي لا أرِدُه؟

ألقي دِفئي لهُ معزَّة.. وهو الشِّتاء وبردُه..

لَم يغظْني غيابهُ بعدما غاظَني طردُه!

أنا جمعُ الأحِبَّةِ الأوفياءِ ومفردُه..

ضيفك يا عزيزي أشكو حرَّهُ وجَدُه.. باتَ من يعزّكَ ولا يدري أينَ مرقَدُه..

كحربٍ.. وأين قَبرهُ؟ كالظّلمِ.. ومَن نِدُّه؟

كطفلٍ.. ومن مسكنهُ؟ كالظَّهرِ.. وأين شَدُّه؟

كالقرآنِ وأينَ وِردهُ؟ كالنرجسِ وأين وَردهُ؟

قُمْ

قُم وانهض عليكَ بالذِّكرِ والصَّلاح..
ولا تقطع الصَّحبَ إن كانُوا أجواد..

قُم وانهضْ ولبِّ نداءَ "حيَّ على الفلاح"..
واشدُدِ الهمَّةَ بالكفاح.. وأعِدَّ العِتاد..

ارتَقِ على نهجِ النَّبيِّ.. وصلِ اللَّيل والصباح..
فالمرءُ ما تربَّى عليه.. والمرءُ أحبَّ ما اعتاد!

فلا بركة في اللَّيلِ إذا علاهُ اللهو والمزاح..
فلَم يأتِ اليوم الأخير.. والنَّاسُ عليهِ يأتون أفراد.

عزيزٌ عليَّ

إن لديَّ أحبَّاء ولا أخفيك

حتَّى هم كانوا بحضورك قِلة

ولقَد ذكرتُك في الأيَّام كُلِّها

لعلِّي أخطر في ذهنكَ لوهلة!

شاركْنِي الخاطرَ، فلا تكلِّمني

دَعِ الكلامَ والحروفَ قلَّة..

لا تكن يا عزيزي الشمس الحارقة..

بل كالشجرة المظللة

أحُبُّ عينيك ولا سيَّما قلبك..

اجعلْني معَك وبأيِّ صلةٍ!

هجرت النَّاس دونَك

عزيز عليَّ أن لا أراكَ بأبهى حلَّة

أنا أشكو مِن الهجر عُنوةً

وأنت الرونق مُتخفٍّ بجُلَّة!

حُبُّك لو كان ذنبًا.. نعم
لتكفَّل بخروجي مِن المِلَّة!

ألف تشرين

رَبَّيت السَّاعات والدَّقايق..

صارَن شهور وسنين!

قاموا يأذوني بذاك الشَّهر

وعلى اللّسان ألف سين..

أخافهم يصيرون عقود وياي

يذكّروني بين حِين وحِين..

يطرون لي اللّحظات ويا سنة

أيَّام عشرين عشرين..

يا شينكم من مرّيتو وأنا واقف!

أتريَّاكم بشتى أوَّل تشرين!

ما عبر لي عابر.. بس هقيتها..

ويا ريت عرفتوا فيني دين!

ضلَّيت دربي وأنا أدرَى به..

مضيّع وحضرتكم ناسين!

ودّي أطولها ونحنا بزمن

تقصير النَّاس برحيل قاسين!

نفس الولد اللي مضيّع أهله

ما جفت حدَ بالغياب تقين!

أشوفكم بالأحلام فلق الصبح

أشلكم وأشوف شوف عين!

كنّكُم جيتو لي بالنيَّة خالصين..

حلوة شوفتكم وها الزِّين..

بس بقول شي واحد اذكروه:

ترى بعدَه عندكم لي دين!

لو حضوركم ما كان يسوى..

ما سألت عن سيّد المزايين!

ألقاهم في كُلّ مكان

كنّهم.. في الدَّم وفي تركيبة الجين!

عَزَّ لِي

ما أجملَ ليلةَ السمرِ وذاك طرفٌ ارتدادُهُ يُحيي العُزلي!

لقد رأيتِها وزادَ العينَ جمالًا القليلُ مِنَ العِنادِ والكَسَلِ!

والوجهُ نيارُ تعاظمَ ضياءً إن غمرهُ نفحةُ ودٍّ وخَجَلِ!

الصوتُ المُضني الهادئ أتحفَ بهِ السَّمعَ إن ترتّل لي

ويا صوتها.. طمأنني أسفرَ مكنُوني وبانَ تَحوُّلي!

غَنَّت لي أرقَ وأجملَ ألحانٍ وإنّني متيَّمٌ بهَمسِها المُدلَّلِ..

وبناتُ المطرِ لحُسنِها تَظهرُ وفي اللّيل أرى القَمرَ لها مُجتَلي!

هي الأيّام الَّتي بها تارةً أهجوها وتارةً أملاها بالشعرِ الغزلي..

يا عصريَ الذَّهبيّ لِمَ عبثتِ بأقداري ولَم يجتمع دونكِ شملي؟

راحةُ بالٍ من كَبدٍ وشقاء والذِّكرى إن كُنتُ بها مُختَلي

كأنَّها النُّورُ إن هيَ طلَّت لي.. خُذي الشَّمسَ مكانَها.. تَفضَّلي!

وما سرَّني الذهابُ بليلةٍ وقَولي فيهِ مِنَ النقصِ والخَلَلِ!

وما سرَّني وداعُ أحبّةٍ لي أو مرَّ حولٌ وأنا أثرها مُعتَلِ

أُتلِفَت الأماني.. والشهودُ عيان شاهدوني وأنا بها مُبتَلِ!

هل نبكي أنا والشعرُ رايةٌ للفقدِ والليلُ والبدرُ معقَلي؟!

وما بكَت حِينَ بكَت.. لكن أنا بكيتُ أطلالًا بفقدِ نائلِي!

وما مدَّ الدَّهرَ إلَّا غيابُها.. والدَّهرِ لقيتُ أنا منهُ مَقتَلي!

كُلُّ مُرادي هي صدفةٌ أخرى همَّة الشابِّ بينَ حُبٍّ ونُبلِ!

إن تصادفْنا وكان الحظُّ كريمًا وشاركنا الوقت فما سنُبلي؟

أم طالَ العَهد يا ليلُ؟ بلِّغ أحبابي بأنَّني وفيتُ ولقيتُ أَجَلي!

وأنَّ حُبَّها سرمديٌّ.. وأنَّها الدّولةُ العُظمى والوقتُ الأزلي

ليسَ عنان أُملود أبَدَته لكن فرطُ كرمٍ منّي والوداعُ عَز لي!

وكيفَ أُبدي حُبًّا لم يُطلَبِ؟ كيفَ يتحرَّكُ مَن أعياهُ الشَلَلِ؟

كانت العنوانَ.. وصفحتي أطويها.. وكُلّ الكلِمِ ومُجمَلي..

ما وفَى القولُ العَنانَ حُمِّلَتِ النَّفسُ ما لا تهوى مِن التَحمُّلِ

لي أن ألَامَ وأنتهي.. الدَّار مُوحشةٌ.. والظَّما والألمُ خِلّي!

لماذا التَّأنّي والمَواطِنُ كلُّها سُلِبَت والذِّكرى بها تجمُّلي؟!

عاركتُ نفسي.. لا أدري مَن كسبَ وربحَ مِن بعدِ تنازُلِي!

تلك النَّظرةُ توصَّلتُ مغزاها.. ولم يُجدِني الآنَ توصُّلي!

تُرِكتُ طريحَ الذِّكرياتِ.. أينَ خروجي ومَلاذي وهيَ مدخَلي؟!

لعلَّ لظنوني دواعيَ.. لكن خابَتِ الظّنونُ وخابَ أمَلي!

هي ترى اجتهادي لِلُقياها مِن وراءِ ثوبِ كبريائي المُهلهِلِ

وهيَ ترى النَّاس جميعًا.. وقد علِمُوا أنَّ الوداعَ عَز لي!

أحببتُها عِلم الله وتوارت عني.. لَم يكن ذلك مقامي ومنزلي

أرى هوانَها مِن بعدِ جفوتي.. ولا ألومها.. أستطيعُ بتَعلُّلي!

ولا همَّني حزَني وما ضرَّني.. ولا همَّني وقفُ الحالِ وتعرقُلي

بل همَّني البادي مِن حسنها وأنَّني أخذتُها بالجِدِّ بمَحملي..

فأنا الجِوار الَّذي لَم يأبَه فراقًا وأنا لستُ لها بمُهملي!

كيفَ أرادَت منِّي التحدُّثَ لها وأنا الأسيرُ بحبِّها الثَملِ؟!

فأنا العليلُ وداري هي دارُها.. وأنا هُنا إذا أردتَ تساؤلي

وأنا الفتى اليافعُ أفي العهدَ مصونًا ولا أجازيهِ بتَجاهلي

قولوا لها ألَّا تقطعَني.. وإن لم تمهلْني فمنَ أنتِ؟! تمهَّلي!

رُبَّما تعودُ لي قامتي ويعودُ جَلَدي.. لكن عنِّي يا فتاةُ سَلي

سَلي الدَّروبَ.. سَلي الأوطانَ.. سَلي الفلاةَ ودمعي المنسَلي

يا ميعادِي.. وانتهاء فترتي.. يا تاريخي وعددي وجُمَلي

لا تحكمي عليَّ هلاكًا.. لا تحكمي مِن تصرُّفي.. لا تعجلي!

ونصبحُ غرباء مِن بعدِ ألفةٍ والمرءُ لا بُدَّ أن يأتي بالزللِ!

لا تعلمُ ابنة بلدي بأنَّها عندِي كُلُّ العربِ والقبائلِ

وإذا لَم ألقَكِ بليلةٍ.. ادَّعِي وجودي.. وآتي بيديكِ.. فقبِّلي

قبِّلي يديكِ عنِّي نيابةً وأوقدِي النَّارَ.. فأنتِ الرِّسالة ومُرسلي!

وافتحي صفحاتِ مُهجتي.. واقرئي قولي بأنَّ وداع قد عز لي!

لا تغرَنَّكِ ابتِسامتي يا فتاةُ حينَ الجِدِّ وحينَ الهزلِ

ليتَ الفراقَ يا بنت أقوامِي.. دمٌ بيديَّ ويزولُ بعدَ مُغتسَلي!

وليتني أشتم المُنى للحظةٍ.. بعدَ كثرةِ الأميالِ والمرتحَلِ

أصبحتُ لا أسجي الدُّروبَ ولَم يُجدِ لي أيّ تفاؤلِ!

لو نثرتُ عَبراتي على فلاةٍ لأصبحَتِ الفلاةُ وادي عقنقلِ!

ولو اجتمعَ النَّاسُ بحبِّهم لَم يأتوا بحبِّها قيد أنمُلي

اضطراب

قلَّبَ الأفكارَ مُغرمًا وبجودِ الحُبِّ صفاء ذهنه وارتقاء
فحدَّثَ جليسَهُ ليلًا.. يا سين.. راء.. أهنالكَ بعدَ لقائنا لقَاء؟!
لَم تنسَ لكنَّها تناسَت عندَما قالَت نحنُ للأبدِ رفقَاء
أدَّعي النِّسيان وأنا الوافي.. وهل حقًّا أمرُنا هذا للشقَاء؟
إنَّها بها خطب ما لَم تفي حضورها حتَّى أدَّعيهِ بقَاء
والنَّاسُ لهم الاختيار سواءً جاؤوا أم رحلُوا.. هم طلقَاء!

***

لماذا يُلامُ المحبوبُ ظُلمًا وهو مِنَ الوصالِ قد اختنقَا؟
حتَّى ولو كانَ المُحبُّ صادِقًا وبقلبهِ كُلُّ الحُبِّ والنَّقَاء!
كيفَ يتعافى المريضُ والعلاج مِن المريضِ قد شفِقَا؟!
بعدَ يومها لَم أعُد أعُدُّ الأيَّامَ.. وانتابَني الحزنُ باللَّيلِ أرقَا!
كيفَ ينتهي الأمرُ بجليسكَ هكذا وهو لرؤياكَ تطرَّقَا؟!

84

مِن بعدِ شروقِها لم أرَ في السَّماءِ صباحًا ولا شُرُوقَا

مِن النَّاس مَن تهوى حديثَها.. وأنا التهبَ خاطري حُرُوقَا..

ومن يُنبئُهما سابق حادثة بأنَّهما بعدَ الوِدِّ قد افترقَا؟

أغلقتُ بابَ ما مضى مُتأسِّفًا.. وباب الرَّحيلِ اليومَ انطرقَا..

أوصِدوا عليَّ باب الرَّحيل.. وقولُوا بأنَّهُ بالأمواتِ التحقَا.

مرَّة

عدَّت الأيَّام والدُّنيا على وضع الطيران..
الأصوات كلَّها ما سمعت لا صوت ولا هدرَة..

عينك تسلَّم.. وأردّ بمثلِها بكُلّ ودّ وإحسان..
لا طالع.. دخيلك نظرتك تهزّ الميت بقبره..

سَلني عن روحي وأدليك عن المكان..
ولا تكثّر بدلالك في الصَّوت وخفِّف النَّبرة..

أخاف أنسى الدَّرب وأضيّع الأهل والسكَّان..
لو أجوف غيابك كيف يطفر الصَّابر بصبره..

انزِلْ من مقامك واروِ جدول كانَ رويان..
بدِّل كلام الحسرة بكلام التَّهاني والمسرَّة.

قد سرّني

رضِيتُ بنهايةٍ لم يرق لي وضعُها، لكنَّ الصوابَ بدا ليا

فلم يطُب الحالُ ومرقدِي.. ولم يكُن القلبُ لي مواليا..

أُخذَ منّي على غفلة، حتّى لو تداركتهُ لم يبقَ ليا..

قَد سرَّني في الحُبِّ حسنها وأيّ أرضٍ تقلها.. وأين هيا؟

ولا أعلم سوايَ على الشَّقاء.. إذا لَم يقُل لماذا وما بيَا؟

نبشتُ في بقايا الأحلام عنك صورة ولا أدرِ ما دهانيا؟

كذبَ مَن قال الجمالُ في قرعِ الدَّراهمِ.. حلفتُ يمينَيَا

ما جمال إلّا بوصل الأحبَّةِ.. القحطُ لا بجاهِي وأمواليا

بل القحط هو ألَّا أراكِ هنا وطال بغيابكِ زمانيا

إنَّ البُعدَ في بعضِ المواطنِ حبٌّ لو عرفتِ أينَ مُنايا!

فديتُ أعقاب الذِّكرياتِ مِن كلِّ دمعةٍ.. إثر حُزنٍ حلَّ بيا

وتلاقى الأحبَّاء ولو بعد حين وأنا أرى نفسي بالوداع فانيا

أخفي ما في قلبي عُنوةً وناس رأوا ما لديَّ لكِ علانيا

لا نامت أعين المحبين ولا رقدَت بالضعفِ وهنًا آماليا

جميلة رؤياكِ.. غير مُدبرٍ صدفةً.. وبصُدفِ اللُّقيا جماليا

إذا شَابه على النَّاس أمرها.. ثبِت على إيماني بأنَّها مناليا

وإذا لم يأتِ وقتنا قريبًا.. فيا ليلُ بلّغ المترفين بأنَّها كماليا

وكيفُ أعلمها بخطبٍ بيا.. وأنا المسرور في السَّماء العاليا؟!

قَد بلغ حبّي مجمعَ البحرينِ ولَم يجتمع القلبان إلَّا تمنِّيا!

مهدي دربَ اللقاء ليومٍ ترينهُ بهاك تقع على الأقل أغلاليا ما

كتمتُ كلامًا إلَّا والحسرة وجدتُها.. ثمَّ قلتُ لماذا وما بيا؟!

خيالها في كبدٍ اللَّيل بدا.. وحسنها لَم يراعِ قلبي تأنِّيا

هي الحور إن اشتهَت أماكنَ النُّجوم قرَّبَها القمر مُناديَا

وهي الطُّور إن زهَت بينَ الفلاة والسُّهول والبواديا

وهي النُّور إن بدَت ليلة الصَّائم.. ظنَّ أنَّه أفطرَ ضاحيَا

فأنا العليلُ إذا أتت كانَت لي بلسمي والطَّبيب المُشافيا

وحانَتِ الأوقاتُ كلُّها.. وعزَّ عليَّ ألَّا يأتي وقتها حانيا

لا تذكُرني سَلِف حكايتنا وانهي الفِكر عنِّي ودعي مقاليا

وإذا تخالَط أمري وشككتِ.. فلا تبالي ودعِي الهَمَّ ليا

وبُعد الأقربين ليس حلوًا.. وليس الزّهاء أن تعد منسيا

الأحداثُ مسكتةٌ.. والمُنى قد خُطَّ.. واللَّوحُ قد قُضِيا

وأنتَ صاحبي، كُنْ كالنَّهرِ.. كلَّما وجدَ مجرًى فيه مشِيا

وكُن كالمريضِ بالنِّسيانِ.. إن حدَّثتهُ بليلةٍ راحَ ونسِيا

وإذا كانَ الفراق مُحتَّمًا.. فلَكَ أن تربحَ قلبًا داميا

فنجال

إذا كانَ لديكَ المال عزيزي فستُصبُّ لك القهوة

وإذا لَم تجدْ لكَ سال فليس لكَ عندَهُ حظوة

ولو لَم تجدِ الدُّنيا نزال.. فهذا لأنَّك لستَ من الصفوة

لكَ أن تتصوَّر

سرَيْت في الظَّلام مُناجيًا همومي..

فيا نفسي، مَن هناك سِواكِ لتلومي؟

إنَّني قد لحقتُ المحافلَ كلَّها..

ليس مِن النَّاس ثقةٌ وعلى العمومِ..

أفقُ الأملِ بعيدٌ.. وبُعدُهُ بُعد النُّجومِ..

فيا نفسي، لمَن وعلى ماذا تسومي؟!

فذاكَ هوَ بحرُ شقائي.. فيه عومِي..

وإذا جاءَ القحطُ.. فللكِ أن تصومي..

وبعدَ ذلك اذهبي عند دارِها فحومي..

فإذا أدركتِها، اقرئي لها منّي سلامي..

وإن طرحَكِ حُسنها أرضًا، فلا تقومي..

فيا نفسي، مَن هُناك سِواكِ لتلومي؟

قَد جدَ التَّعب بي، وليسَت الدَّارُ سلومِ..

سرِيتُ في الظَّلامِ مُناجيًا همومِي..

91

أقربُ النّاسِ هُم ألدُّ الخصومِ!

ليسَ هُناك مَن يستحقُّ حبَّ الخشومِ.

لَوِّحِي لِي

قالَت: أُحِبُّكَ بحرًا وقدره..

فأصابَ عمري صوتُها فشفاه..

وكانَ العيشُ دونَها أشبه..

أشبَه بموتٍ.. ولا سواه..

كَم مشيتُ على دربِ حنينِها!

وكم طال الشَّوقُ! فأينَ مداه؟!

وكَم مِن عاشقٍ آلَ إلى حُبّه..

فوجدَهُ كهلًا ماتَ مِن أساه..

إذا رأيتِني مُدبِرًا فلوّحي لي..

ثمَّ قولي: نبذَ حُبّي وقلاه..

ليسَ الحُبُّ كلمةً أقولها..

وليسَ للعاشقِ أن يهملَ هواه..

حاشى لمثلي ينبِذها.. ولكن..

ماتَ الشوقُ بقلبِ مَن أهواه.

ودعِيني

ودعيني عندَما يكونُ الحُضورُ لهوًا
وانسِي أنَّ الهجرَ قاتلُ العاشِقينا..

والتَّحنانُ أصلُ الحُبِّ، فإن تلبَّى
نسي أصحابُ القلوبِ بأنّهم مُبتَلِونا

دعِيني مع أيَّامنا لأعيشَ حلوها مُرَّها..
اذهبي وقُولي كُنَّا بِبعضِنا ألفينا..

واختاري مُنوعاتٍ مِن اللَّحظاتِ الأُولَى
فإن ساءتكِ مِنّي آخرُها، ففي الأولى تنعمِينَا

ونامَت اللَّيل سحرًا.. ونحنُ بينَ الصّورِ نُسِينا
أنِستُ بهناء.. وما أنِسنا.. وما كُنَّا فكِهينا

وما اعوِجاجنا إلّا جمالٌ في قلوبٍ مُترفِينا

ولسانُ حالِهم قال لو كانَ العِوجُ فينا!

فإذا كُنَّا الأوائلَ فليسَ هناكَ مَن يلِينا..

وقلبي هو الجمادُ، ما إن يراكِ حتَّى يلِينا

الفَتى

الفَتى إذا لَم يُحقِّق أملَهُ حَلَمَ..
وإذا أحبَّ أصبحَ المحبوبُ وثَنا!

الفطنةُ إذا تأخَّرت.. صاحبها نَدم
يا ميلُ، ما أبعدَها عنّي نفسًا وبدَنا!

ظنّي بالكتمانِ أرتقي.. فأصبحتُ عَدَمَا..
يا فتاةً، أنا وسعادتي إليكِ ما أحوجَنا!

قليلًا إذا عرفتِ كُنْتُ هنا ساقًا وقَدَمَا..
في بلدةٍ دُمِّرَت.. والفاعلُ تجبَّرَ وجَنا..

ظننتُ وإنَّ بعضَ الظنّ إثمٌ عِندَما
أحسنُ ألقى مثلَ إحساني والثَنا!

وقلبي يحيدُ ويحيدُ.. إن رآها ابتسَما..
وودَّعَ وقتًا ظنَّ أنَّه سيطولُ زمنَا..

قلبي تفرَّع في الآلامِ إلى أن احتدَمَا
مَن هو المغبون؟ ومَن الَّذي غبَنا؟